AF305774

A LA MÉMOIRE

DE

M. RÉMOND

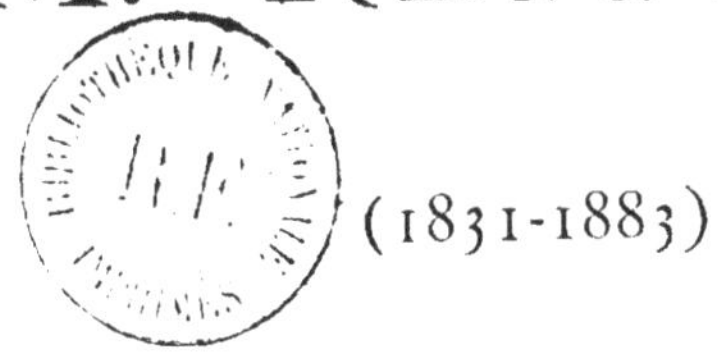

(1831-1883)

NANCY

IMPRIMERIE BERGER-LEVRAULT ET Cⁱᵉ

11, RUE JEAN-LAMOUR, 11

1889

NOTICE

M. Rémond est né à Metz, le 8 mai 1831. Après
avoir fait son droit à Paris, à peine inscrit au barreau de sa ville natale, il dut, à la mort de son
père, avoué près la Cour impériale, prendre la direction de l'office et fortifia ainsi de solides études
par la pratique judiciaire. Quand il revint aux
fonctions d'avocat, il ne tarda pas à conquérir, par
son talent, une place au premier rang ; en même
temps, l'intégrité et l'indépendance de son caractère lui ouvraient l'accès du conseil municipal de
Metz. En 1870, pendant le siège, il eut à remplir les actives et pénibles fonctions de secrétaire
jusqu'au jour où l'occupation de la malheureuse
cité par l'armée allemande le contraignit à s'éloi-

gner. Il séjourna à Schwyz du mois de novembre 1871 au mois d'avril 1872.

Lorsque l'annexion eut consommé la séparation et que les Messins demeurés Français durent quitter leur foyer, M. Rémond suivit la Cour d'appel à Charleville, puis à Nancy, où il se fixa (mars 1872). Bientôt ses nouveaux concitoyens mettaient à profit son expérience des affaires municipales en l'appelant au conseil. Avec quelle rapidité il sut faire apprécier son talent de parole, sa science profonde du droit en même temps que son aménité et son ardent désir du bien, ceux qui l'ont connu en conservent le souvenir. Aussi, personne ne fut surpris, mais personne non plus ne fut exempt de regret quand, en mars 1879, M. Rémond quitta le barreau de Nancy pour aller occuper le poste élevé de procureur général à Caen. Il partit, mais avec la pensée du retour, et, l'année suivante, répondant aux vœux de ses amis, il revint à Nancy, où il était, le 25 novembre 1880, nommé président de chambre à la Cour d'appel. La réorganisation judiciaire et la suppression de l'une de nos chambres le contraignirent à s'éloigner encore pour aller, en octobre 1883, occuper un siège de président à la Cour d'appel de Paris. Nous savons par quelle activité, quelle promptitude de travail, il satisfit pleinement à ses nouveaux devoirs et quelle haute estime il inspira dès l'abord à ses collègues.

C'est au moment où sa carrière, déjà si brillante, semblait s'ouvrir plus belle encore, qu'une mort soudaine l'enlevait et frappait d'un deuil cruel sa famille et tous ceux qui l'aimaient. Une pensée pieuse a voulu conserver le souvenir de ce que fut l'homme, le magistrat, l'ami, en reproduisant ici les discours prononcés sur la tombe de M. Rémond et quelques fragments où parle encore aux siens cette âme pure et loyale.

DISCOURS

DE M. BOULANGÉ

Discours de M. Boulangé

Apporter sur la tombe si prématurément ouverte de Gustave Rémond quelques paroles de
suprême adieu, c'est un besoin pour le cœur de
celui qui, deux fois en quelque sorte son confrère
au sein de deux barreaux voisins, fut en même temps
le témoin de sa vie dans la ville qu'il eut, lui aussi,
la tristesse et le devoir d'abandonner. Les souvenirs se pressent, les souvenirs douloureux fixés à
quelques dates quand la pensée remonte, dans une
durée de temps assez brève, le cours de cette vie
si tôt brisée. En 1856, son père, avoué à la Cour
de Metz, l'un des patrons bienveillants de mes
débuts judiciaires, adjoint au maire de la ville,
mêlé activement, par les appels multipliés de la
reconnaissance publique, à toutes les œuvres utiles

de la cité, succombait dans la pleine maturité de l'âge ; les nombreux amis du père entouraient et consolaient la douleur du fils, et voici que, moins de trente années écoulées, un coup, plus brusque et non moins imprévu, vient raviver ces douleurs et emporter les espérances d'une nouvelle génération. Nous ne le savions que trop, Messieurs, Dieu garde la durée dont il est le seul maitre. Il n'enlève pas à ceux qui survivent la consolation de rechercher et le droit de dire si celui qui disparait a maintenu les traditions de dévouement et de devoir recueillies dans sa famille, s'il en laisse le dépôt à ses enfants ; s'il a, par ses mérites et ses services personnels, ajouté à l'honneur de son nom. Or, ce témoignage, M. Gustave Rémond l'a mérité. Préparé avec succès par ses premières années à l'École polytechnique, il choisissait bientôt une nouvelle carrière ; la mort de son père fixait sa direction définitive, et tout de suite il montrait que les fortes préparations renferment une semence féconde qui se prête à tous les terrains. La discipline excellente de ses anciennes études et la rigueur des méthodes appliquées aux sciences exactes allaient, dans cette intelligence si ouverte, s'adapter à la science du droit et donner même un caractère original à sa parole publique. On s'en aperçut bien vite quand on vit ce jeune homme prendre rapidement parmi ses confrères un rang distingué et, en peu d'années, ne pas borner sa notoriété aux horizons du Palais. L'attention de ses concitoyens commença à se fixer sur lui malgré sa jeunesse, et les élections de 1865 ouvrirent à leur libre choix l'occasion de l'appeler au sein de ce conseil municipal dans lequel, neuf années auparavant, son père avait tenu une grande place, et dans lequel, en 1870, lui étaient réservés à lui les préoccupations, les anxiétés et tous les devoirs divers que nous imposa le blocus de Metz. Il ne faillit à aucun d'eux ; ne ménageant ni son dévouement personnel aux souffrances de nos soldats blessés, ni sa collaboration utile et constante au sein de cette assemblée dans laquelle s'étaient concentrés tous les intérêts d'une ville abandonnée à elle-même. Il fut souvent, durant ces heures lamentables, le secrétaire du conseil et sa main retraça, dans des

procès-verbaux qui font honneur à son patrio-
tisme, les phases d'une résistance calme dans sa
ferme obstination et dont le dévouement méritait
d'être plus heureux. Il eut aussi le grand honneur
de prendre une part importante à la rédaction de
la proclamation adressée aux habitants le 28 octobre, la veille même de la funeste capitulation et
dans laquelle le maire et le conseil municipal
avaient le droit de se rendre ce témoignage, « le
« malheur dont nous sommes tous frappés aujour-
« d'hui nous atteint sans qu'aucun de nous puisse
« se reprocher d'avoir un seul jour failli à son
« devoir. »

C'est alors, Messieurs, que Gustave Rémond
est venu à Nancy, apportant à l'Ordre nouveau,
qui s'empressait de lui ouvrir ses rangs comme
avocat, deux choses principales, les remarquables
qualités d'une intelligence mûrie par le temps et le
travail, le respect profond de la profession qu'il
aimait et dont il était fier. Il en aimait les libertés
et les vieilles prérogatives, non pas seulement parce
qu'elles ont dans le temps des racines profondes,
mais parce que leur utile légitimité se fonde sur

deux conditions vitales à ses yeux, les obligations et les responsabilités qui s'y attachent ; s'imposer dans chaque affaire une étude attentive, patiente, sûre des détails, chercher dans les labeurs mêmes d'une préparation indispensable le problème qui se dégage, le moyen et le droit d'élaguer les éléments trop secondaires de l'appréciation, ramener avec une sorte de passion à la simplicité la plus grande, et, s'il était possible, à l'unité l'objet de la démonstration, puis, le jour venu de la plaidoirie, concentrer sur ce point unique, mais sur ce point entouré de sa pleine lumière, les rayons de la vérité aperçue, mettre à son service la précision rigoureuse et la clarté parfaite de la parole, ce fut là sa méthode et sa force.

Ai-je besoin d'ajouter qu'il avait en grand souci la dignité morale de notre profession, qu'il tenait à exercer dans sa noble acception un véritable patronage et que la généreuse modération de son désintéressement s'ajoutait, pour forcer la reconnaissance, au dévouement de ses labeurs et à la valeur de ses services.

Vous avez compris, Messieurs, le secret du succès qu'il remporta légitimement et de l'estime attachée à son nom.

Ce fut aussi le secret des sympathies qu'il sut inspirer.

Nature honnête et loyale, ses sentiments de bienveillance se traduisaient par l'aménité affectueuse des manières et la sûreté absolue des relations. Aussi, je puis le dire, dans les deux villes et les deux barreaux, malgré les dissentiments des opinions ou des croyances, tous ses confrères étaient et restèrent ses amis. J'ai parlé de dissentiments politiques, il ne siérait pas à cette place de les rappeler, comme il ne siérait pas de les taire. Ce que je me plais à dire, c'est que la droiture de son esprit, la modération de son caractère, la générosité de ses sentiments, respectaient sans effort les convictions sincères; il en trouvait à ses côtés les manifestations personnellés chez sa femme excellente, dont l'affection a été, jusqu'au dernier jour, l'un des charmes de sa vie; il en avait, pourquoi ne pas le rappeler ici, réservé la bonne influence dans la direction d'une éducation chère à ses espérances et à son autorité, il en avait éprouvé, dans un des grands événements de sa famille, les communicatives et intimes émotions. Ce sera le dernier mot par lequel celui qui fut son con- frère et son ami rendra un dernier hommage à son nom respecté.

DISCOURS

DE M. SADOUL

Discours de M. Sadoul

Je veux dominer un instant mon émotion pour rendre un suprême hommage au magistrat distingué, à l'ami plein de bonté et de dévouement dont la tombe va se fermer à jamais ! Une voix plus autorisée rappelait tout à l'heure la grande place qu'occupait naguère notre cher et regretté président au barreau de Metz, les sympathies universelles dont son caractère droit et loyal était entouré dans sa ville natale, les services qu'il rendit à ses concitoyens dans un temps d'épreuves inoubliables ; mais je puis affirmer que, plus que tout autre peut-être, son âme ardente et généreuse a souffert des douleurs de la patrie. Obligé d'abandonner le pays auquel il était attaché par des liens si pressants, de transporter ailleurs son foyer domestique, il vint demander l'hospitalité au barreau de Nancy, dont les rangs s'ouvrirent avec empressement devant lui. Il fit violence à son affliction et à ses angoisses et, infatigable travailleur, il chercha dans l'étude l'oubli de toutes ses souffrances ! Ce ne fut pas en vain ! L'autorité de sa parole, les qualités éminentes de son esprit lui valurent bientôt les suffrages de la magistrature et l'affectueuse estime de ses nouveaux confrères. Nul avocat ne fut plus écouté au Palais, nul avocat ne sut plus que lui donner à sa pensée une forme plus claire et plus précise, à ses arguments plus de force et de logique ! Aussi ses succès allèrent toujours en grandissant et quand, en 1878, il fut appelé aux hautes fonctions de procureur général à Caen, on put dire, avec raison, qu'il n'avait pas recherché les honneurs, mais que d'eux-mêmes les honneurs étaient venus à lui comme à l'un des plus dignes.

La haute intelligence du nouveau procureur général, son libéralisme éclairé, sa modération, sa bienveillance pour ses collaborateurs, lui créèrent promptement la situation la plus enviable. Ce qu'il fut à la tête du parquet du ressort de la Cour de

Caen, nous en trouvons l'expression dans les regrets qui saluèrent son départ lorsqu'il reprit le chemin de la Lorraine pour venir exercer dans sa patrie d'adoption les importantes fonctions de président de chambre.

Je n'ai pas à rappeler avec quelle distinction il sut remplir les devoirs de sa charge, avec quelle admirable sûreté de jugement il appréciait les affaires les plus arides et les plus compliquées, la solidité de ses arrêts, dans lesquels il savait allier la science du jurisconsulte avec un style à la fois plein d'élégance et de netteté.

Placé par la confiance du Gouvernement, et sans l'avoir désiré, à la tête d'une des chambres de la grande Cour de Paris, il accepta l'honneur qui lui était décerné avec tristesse et avec une sorte de résignation. J'ai été le confident alors de toutes ses pensées : il nous quitta le cœur navré, l'âme assaillie par les plus pénibles pressentiments. Il lui semblait, en vérité, qu'il s'exilait encore une fois. Hélas! cette séparation devait être la suprême séparation! Deux mois s'étaient à peine écoulés, qu'un malheur que rien ne pouvait faire prévoir ni conjurer, plongeait dans le deuil sa famille et nous tous, Messieurs, qui l'entourions d'une si vive affection. Mais il est une consolation à une si grande douleur : il lègue à celle qui a partagé ses joies et ses souffrances, qui a été la compagne si digne et si dévouée de son existence, l'héritage d'un nom honoré; à ses chers enfants, qui si longtemps encore avaient besoin de son appui et de ses conseils, un véritable patrimoine d'honneur et le salutaire exemple d'une vie toute de travail et d'honnêteté.

Adieu, cher président, adieu au nom de la magistrature, adieu au nom de vos collègues de la Cour de Nancy; votre souvenir restera toujours vivant parmi nous!

ALLOCUTION

DE M. PETSCHE

Allocution de M. Petsche

Après les adieux qui viennent d'être adressés à l'avocat, au magistrat, permettez-moi de dire à l'ami les adieux suprêmes.

C'est dans la famille, au milieu de ses amis, que s'épanchait surtout la nature généreuse de Rémond. Bon, aimant, dévoué, il se plaisait dans l'intimité, et les qualités exquises de son cœur y trouvaient un épanouissement complet. Il avait horreur de tout ce qui est vulgaire et sur lui l'égoïsme n'avait pas de prise. L'élévation constante de sa pensée, servie par cette voix chaude et vibrante qu'on ne peut oublier, donnait à sa conversation une distinction et un charme extraordinaires.

Les malheurs de la patrie avaient laissé dans son âme une tristesse ineffaçable. L'avenir de la

République, la grandeur de la France, étaient
pour lui l'objet d'une ardente préoccupation. Fa-
cilement enclin au découragement, il accueillait
cependant volontiers les espérances et la foi des
optimistes.

Il aimait ses amis avec passion, et ses amis le
lui rendaient. Ceux qu'il a laissés à Nancy l'ont
vu partir avec les regrets d'une affection dont ils
apportent ici le douloureux témoignage. Ai-je
besoin de dire avec quelle joie nous avions salué
son arrivée à Paris? Il y a quelques jours à peine
nous fêtions sa bienvenue, et les apparences d'une
santé raffermie nous promettaient la douceur d'intimes et fréquentes relations. Ce bonheur entrevu
est à jamais détruit. Nous ne le verrons plus,
mais, en attendant la réunion que nous espérons
au delà de ce monde, nos cœurs conserveront de
son amitié, de ses vertus, un souvenir fortifiant,
et nous irons quelquefois à ce foyer, dont il était
l'âme, parler de lui avec sa vaillante femme, avec
ses jeunes fils, dont sa mémoire sera l'honneur et
le soutien.

DISCOURS

DE M. GÉGOUT

Discours de M. Gégout [1]

Messieurs les Avocats,
Messieurs les Avoués,

Une année s'est à peine écoulée depuis qu'une perte subite a causé parmi vous comme dans nos rangs une affliction unanime. Des voix plus autorisées que la mienne vous ont rappelé sur la tombe de M. le Président Rémond, son existence à Metz, sa rapide et brillante carrière judiciaire. Je veux rendre à mon tour un dernier hommage au savant jurisconsulte, au magistrat éminent que nous avons perdu.

1. Extrait du discours prononcé à l'audience de rentrée de la Cour d'appel de Nancy, le 4 novembre 1884, par M. Gégout, substitut du procureur général.

Préparé de bonne heure au barreau par de solides études, et par de précieux conseils paternels, M. Rémond conquit bientôt, parmi ses confrères, la place distinguée que son plus ardent désir était de conserver toujours. Les malheurs de la France ne le lui permirent pas, et vous savez comment, après quelques années de l'exercice de sa profession à Nancy, la magistrature, heureuse de l'accueillir et de s'éclairer de ses lumières, salua en lui le nouveau Procureur général de Caen. Mais le souvenir du pays natal, si profond dans son cœur, portait ses aspirations vers cette capitale de la Lorraine, qui, au lendemain de nos désastres, était devenue sa cité d'adoption. C'est dans ces hautes et belles fonctions de Président de Chambre qu'il développa surtout les ressources de sa vive intelligence, et montra l'étendue et la maturité de son érudition. De vastes connaissances juridiques, une promptitude et une sûreté d'appréciations surprenantes, lui permettaient de saisir et de résoudre, la plupart du temps sans délibérer, les questions les plus difficiles. Une parole précise et facile, une rédaction correcte et limpide, lui fournissaient, sans efforts, les arguments et le style de ses plus importants arrêts.

M. Rémond, Messieurs, a été, toute sa vie, fidèle aux sentiments politiques de ses jeunes années. Dans maintes circonstances, il exprima ses convictions républicaines, mais jamais il ne chercha à les imposer à personne. Sa loyauté et sa franchise ne connaissaient pas de bornes, son affabilité et sa bienveillance ne se démentaient point.

C'est par de telles qualités qu'il sut conquérir parmi vous et dans le sein de la Cour, de chaleureuses et fidèles amitiés. Lorsque les nécessités de la réorganisation judiciaire nous l'enlevèrent, le mal qui le minait sourdement s'accrut tout à coup des tristesses de la séparation, et ne lui laissa pas le temps de goûter les avantages considérables de la compensation qu'il venait de recevoir. La mort s'est montrée particulièrement cruelle, en le frappant dans le plein épanouissement de ses remarquables facultés, et à un âge où il pouvait légitimement prétendre aux destinées les plus belles. Son souvenir, Messieurs, vivra parmi nous, comme l'image de la droiture, du savoir et du talent.

FRAGMENTS

Fragments

Novembre 1870.

Quelle petite chose que l'humanité ! et comme les événements auxquels nous assistons nous donnent le sentiment de notre faiblesse et de notre impuissance ! une nation comme la France ayant en elle tant d'hommes, tant d'idées, tant de souvenirs, tant de force, tant de capitaux de toute nature est réduite en cinq mois à un état de misère et de prostration qui va, bientôt, atteindre les dernières limites !

L'âme étonnée et brisée par ces cinq mois de douleurs se refuse, par instants, à croire à la réalité des événements qui s'accomplissent. Est-ce la volonté de quelques hommes qui produit de pareils résultats ? Est-ce le hasard des circonstances qui les

amène? Il est impossible de le croire. Le sentiment de la divinité entraîne nécessairement, avec
lui, la conviction profonde que les nations qui
souffrent, qui meurent ou qui prospèrent, obéissent
à une loi morale et éternelle, et que, si Dieu permet à de pareils faits de s'accomplir, il existe certainement des causes qui le justifient aux yeux de
la raison et de la justice. Nous ne pouvons pas
croire que le droit soit un mot vide de sens quand
il s'agit des destinées des nations, et que la force
seule soit la règle devant laquelle la Providence a
voulu qu'elles s'inclinent, si une nation disparait,
ce ne peut pas être parce qu'à côté d'elle une nation plus forte a vécu.

Ne devons-nous pas croire que les malheurs et
la mort d'une nation sont le châtiment des fautes
qu'elle a commises?

L'homme, il est vrai, quand on le considère
isolément subit, parfois, des malheurs immérités;
les agglomérations d'hommes qui constituent une
nation peuvent avoir le même sort, sans que la
justice éternelle soit méconnue, puisqu'en définitive ces malheurs collectifs ne sont que des réu-

nions de malheurs individuels. Pourtant, il semble qu'il n'en doit pas être ainsi, si la croyance en l'immortalité de l'âme humaine et l'espérance d'une justice infinie et absolue nous font comprendre le malheur qui frappe un innocent, nous nous figurons volontiers que les nations subissent une autre loi, nous voulons voir dans une nation, que des siècles nombreux ont fortement unie, une sorte de personnalité, ayant une vie propre, une destinée, et comme nous n'apercevons pas pour elle la vie future qui attend l'âme humaine, nous nous refusons à croire que, pour elle, la justice ne soit pas tout entière de ce monde?

Ce sont là des rêves peut-être?

Pourtant on peut ne pas les repousser tout à fait et se demander, à la lumière de la raison et de la conscience, quelles sont les fautes que la France expie en ce moment : à quelles aberrations, à quels crimes, peut-être, répond le châtiment qu'elle subit aujourd'hui?...

Février 1871.

Où donc est le bonheur? telle est la question qui préoccupe tout homme et à laquelle sa nature le ramène à chaque instant de la vie, tel est le point sur lequel son attention la plus fréquente devrait être concentrée, et celui, peut-être, sur lequel il est le plus abandonné à lui-même et aux hasards de la vie.

Le bonheur, c'est l'accomplissement du bien. On pourra varier les formules, discuter sur des mots, analyser des idées ou des faits; mais l'expérience et la raison ramèneront l'homme consciencieux à cette vérité si simple et si resplendissante.

L'homme heureux n'est pas celui qui n'a pas connu la souffrance, ni le péché, ni l'erreur, cet homme-là n'existe pas; le mal est une condition essentielle de l'humanité, et toutes les vies se heurtent aux trois formes sous lesquelles il se présente, mais si l'homme heureux est une limite, une asymptote au point de vue de la raison, l'homme heureux au point de vue expérimental est celui qui a su s'en approcher d'assez près.

Ou autrement, si le bonheur n'est qu'un objectif inaccessible d'une façon absolue, et si la vie humaine est incompatible avec lui, l'homme le connait assez pour appliquer toutes les forces de sa nature à s'en rapprocher ; et l'influence bienfaisante de cet astre est naturellement d'autant plus grande qu'on s'est plus rapproché de sa surface.

Le bien, l'horreur du mal, voilà le bonheur. La souffrance, le péché, l'erreur, voilà le mal. Souffrir le moins possible, et agir en vue du résultat.

Pécher le moins possible, et pour cela se révolter le moins possible contre la loi morale écrite dans la conscience.

Commettre le moins d'erreurs possible, et pour cela avoir le culte de la vérité et le respect le plus absolu pour toute croyance, la plus grande prudence dans tout jugement.

Voilà les trois idées mères qu'il faudrait peser, mûrir à la lumière de la raison.

Une des plus belles et des plus intéressantes promenades du pays de Schwitz est la route de Brunnen à Fluelen, construite par le gouvernement fédéral il y a environ une année.

Quand le temps est, comme celui d'hier, d'une irréprochable pureté, que le soleil resplendit dans un ciel sans le moindre nuage, il n'est pas possible d'imaginer un spectacle à la fois plus grandiose et plus séduisant de lignes et de couleurs que celui qui s'offre, sans interruption, aux regards pendant un trajet d'un peu plus de deux heures. A droite, l'horizon est borné par un massif de montagnes couvertes de neige dans laquelle se jouent les feux du soleil et dont les profils se détachent sur le fond du ciel, de mille façons successives ; le pied de ces montagnes baigne dans le lac, qui va s'élargissant ou se rétrécissant, et dont les eaux, parfois vertes, étaient hier d'un bleu foncé. La neige dorée vient brusquement finir à cette ligne bleue sans aucune transition.

Tel est le spectacle que le voyageur a constamment à sa droite ; mais, en face de lui, la route sinueuse et élégante, serpentant sur le flanc de massifs réserve à chaque détour une surprise nouvelle ; tantôt c'est une voûte qui va s'engager pendant une cinquantaine de pas sous un massif sombre et colossal de roches accumulées qui descendent dans le lac ; tantôt c'est une avancée de la montagne que la main de l'homme a taillée à ciel ouvert pour se frayer le chemin ; tantôt un petit vallon riant, resserré contre deux massifs de rochers et où se sont établis une maison et une église, comme le village de Stirikon ; en arrivant à Fluelen, on aperçoit encore à droite, au pied des montagnes neigeuses, une petite plaine habitée, espèce d'oasis, accessible par le lac seulement et dont l'impression est bizarre. Que faut-il donc à l'homme ? Une famille en face de ces splendeurs de la nature et dans l'isolement le plus profond peut lui suffire, mais, quand il se représente cet état par l'imagination, ou quand il le rencontre réalisé dans la vie, le sentiment qu'il éprouve est toujours une sorte d'inquiétude. Nous avons besoin de la société les uns des autres, et pourtant quel est le plus grand ennemi de l'homme? C'est lui-même. — La nature ne nous fera jamais le mal que nous savons nous faire, et l'homme ne nous donnera jamais les pures et vives jouissances que nous trouvons dans des spectacles comme celui que je note aujourd'hui.

Les divisions politiques pour les esprits soucieux et désintéressés, pour ceux qui ne se préoccupent que de la recherche des meilleures voies et des règles de conduite amenant le bien du plus grand nombre, doivent nécessairement se réduire à des questions simples et peu nombreuses ; celles-ci doivent elles-mêmes se classer, et peut-être se subordonner à une division principale qui ne laisse après elle que des sous-distinctions d'un plus petit intérêt. J'ai depuis longtemps le sentiment que cette division principale et maitresse qui domine, de très haut, tous les problèmes sociaux et politiques, peut trouver une formule simple, ranger en deux camps, absolument opposés et irré-

conciliables, tous les partis, toutes les théories,
toutes les sectes, et créer pour les partisans de l'un
ou de l'autre principe un point de ralliement assez
net, un but commun assez élevé, pour effacer et
réduire à l'état de nuances, sans importance sé-
rieuse, les opinions développées sur toutes les autres questions ; cette formule touche à la façon
d'envisager le domaine de la loi, ou en d'autres
termes les limites de l'État et de sa sphère d'activité.

Les uns considèrent qu'il faut incessamment
l'étendre, les autres, au contraire, qu'il faut se
préoccuper sans cesse de la restreindre. A mon
sens, tout est là, en politique, ou plutôt c'est
sur cette question capitale qu'il faut d'abord s'en-
tendre ; si on s'entend sur elle, on peut marcher,
combattre et travailler ensemble ; si on ne s'est
pas entendu, les hommes croiront en vain qu'ils
suivent le même drapeau et qu'ils sont réunis ; la
lutte est à l'état latent et peut surgir à chaque pas.
Les formes du gouvernement, qu'elles soient républicaines ou monarchistes, s'accommodent de
l'une ou de l'autre règle et, sous les apparences

les plus opposées, peuvent être, en réalité, les plus voisines, suivant que les hommes qui les dirigent ont l'un ou l'autre de ces objectifs.

Bastiat disait dans les *Débats,* le 25 septembre 1848 : « Je voudrais qu'on fondât un prix, non de 500 fr. mais d'un million, avec couronnes, croix et rubans, en faveur de celui qui donnerait une bonne, simple et intelligible définition de ce mot : l'État. » C'est qu'en effet il n'y a pas, en politique et en économie politique, de question plus importante, plus décisive que celle de savoir : ce qu'on peut demander à l'État; où doit commencer, où doit finir son action? Sans vouloir concourir pour le prix que proposait Bastiat et sans avoir la prétention de donner cette définition nette de l'État, qu'il appelait de ses vœux, je considère, pour ma part, que l'État c'est l'ensemble des services publics; c'est une personne morale, un être juridique, comme la commune, qui comprend, activement et passivement, tous les droits et toutes les obligations dérivant des services publics dont elle est chargée.

De quels services publics doit-elle être chargée?

Voilà le problème. Il se transforme ainsi ; et au lieu d'une définition théorique que demandait Bastiat, on arrive à chercher une énumération.

A quel caractère reconnaitra-t-on qu'un service doit être demandé à l'État ? Dans quel cas, au contraire, devra-t-il être laissé à l'initiative et à l'activité individuelle et privée ?

Question dont l'examen exige l'étude et la recherche des principes, c'est-à-dire des déductions rationnelles, mais, en même temps, l'étude des faits et des milieux ; les solutions varient évidemment avec les temps et avec les pays. Il est évident, *a priori,* que tel besoin de nécessité générale ne peut être abandonné à l'activité privée à une époque et à un degré de civilisation qui ne lui permettraient certainement pas d'y satisfaire sans que les forces collectives dont l'État dispose ne soient mises à son aide. Il est évident, d'autre part aussi, *a priori,* qu'il ne suffit pas qu'un besoin soit d'utilité générale et que l'activité privée ne puisse le satisfaire pour que l'État crée un service qui ait ce besoin pour objet ; si pour l'imposer à cette personne morale, l'État, il fallait la grever d'une

trop lourde charge et compromettre son existence
même, nul doute que le service ne devrait pas être
créé. Si, d'un autre côté, la personne morale,
l'État, est nécessaire, ce qui est le point de départ
accepté comme axiome, il est nécessaire de lui
donner les moyens d'exister, et, comme son but
est d'une utilité générale, c'est à la généralité des
habitants du pays qu'il incombe le devoir de con-
tribuer à son existence ; ceux-ci ne peuvent s'ac-
quitter de cette obligation qu'à l'aide du seul moyen
que l'humanité connaisse, le travail ; le travail sous
toutes ses formes, travail accumulé, représenté par
un capital ; travail direct, représenté par un effort
précis déterminé. Ce travail, ou plutôt, pour être
plus exact, cet effort que doit l'individu à un autre
qu'à lui, c'est une partie de sa liberté. Il est obligé
d'agir d'une façon différente de celle qu'il lui plai-
rait choisir s'il était entièrement libre ; c'est donc,
en définitive, que, pour faire vivre l'État, cette
personne morale dont la création apparait comme
une nécessité qui est la base de toute civilisation,
l'individu doit faire abandon d'une partie de sa
liberté.

Il y a, dès lors, par nature et par essence, antagonisme constant entre l'État et l'individu.

Ce qui ne doit être, pendant un seul instant, perdu de vue, c'est que pendant cette lutte où la législation intervient, comme un juge, pour dire le droit entre les contendants, il n'y a pas égalité complète entre ce qui doit appartenir aux deux parties et le but légitime que doit atteindre chacune d'elles.

L'État est une personne morale qui doit être en situation d'accomplir toutes les obligations dont elle est chargée, mais qui n'a droit à rien de plus. Créée par les individus, au moyen de sacrifices, elle n'a pas d'existence légitime en dehors de la satisfaction des besoins auxquels elle est préposée; si la vie est rendue, pour elle, plus intense, plus facile que ne le comporte ce programme, l'individu a fait un sacrifice inutile dans la mesure de cet excédent et la loi qui permet ce résultat mauvais est mauvaise.

Tout autre, bien entendu, est la situation de l'individu qui se place en face de l'État; pour lui, le développement des facultés, l'intensité de la vie sont sans limites; c'est ce développement même, en ses satisfactions, qui est l'objet final et la raison d'être elle-même de la personnalité de l'État.

Si donc les sacrifices sont demandés à la liberté individuelle, en vue de l'État qui les réclame, il faudra que le réclamant ait d'abord établi la nécessité même de sa réclamation.

Mais cette nécessité ne sera suffisante qu'à la condition d'avoir dans les services qu'elle accomplit et dans chacun des détails de ces services la justification même de sa réclamation à l'individu, par la portion d'utilité que ce dernier en retire.

Et cela ne suffira pas.

Il faudra encore que l'individu qui profite, pour sa part, de l'effort collectif qu'il contribue à rendre possible, ne puisse pas se procurer par lui-même la satisfaction du besoin dont il s'agit.

C'est, en effet, un sacrifice que l'abdication partielle de la liberté.

Ce sacrifice, par cela seul qu'il est imposé à l'homme, n'est légitime que s'il est nécessaire. Si la nécessité disparait, qui donc, en dehors des forces naturelles et connues, peut commander le sacrifice?

Aussi, dans les temps où l'humanité s'organise et forme, pour obéir à la loi de sa nature, des sociétés; dans ceux où la lumière ne s'est pas encore faite sur cette philosophie qui nous parait, maintenant, facile et évidente, l'idée de commander à l'individu dans l'intérêt de tous, au nom d'une force surnaturelle, a dû surgir spontanément, et, pour faire accepter sa domination, le despotisme, qui est la forme primitive de l'État, a dû créer bientôt le droit divin.

C'est donc à une nécessité qu'il faut, en définitive, aboutir quand il s'agit d'un service créé à l'État, nécessité dans la satisfaction à donner à un besoin, nécessité de recourir, pour cette satisfaction, à un autre effort qu'à celui de l'individu.

Il faut que l'individu ne puisse pas se la procurer par son effort personnel.

Tous les services publics qui ne répondent pas à cette double condition sont rendus sans légitimité par l'État; ils correspondent à un sacrifice de la liberté individuelle que l'individu a le droit de ne pas souffrir et que personne n'a le droit de lui imposer.

L'État a l'obligation d'assurer la diffusion de l'instruction. Il a aussi l'obligation de surveiller l'enseignement, de prendre à son égard toutes les mesures de sûreté et d'intérêt général, ce qui comporte la surveillance de sa moralité.

De *sa moralité*. Est-ce à dire que l'instituteur est, dans l'exercice de sa profession, soumis au droit commun, ou y a-t-il, à ce point de vue, place à une législation plus sévère et plus étroite ?

Oui, assurément ; le droit commun ne suffit pas pour la police de l'enseignement.

Mais en résulte-t-il que l'État ait le droit de *diriger* l'enseignement, c'est-à-dire le droit d'imposer des programmes ?

De les imposer d'une façon directe, ou indirectement, en plaçant à l'entrée de toutes les carrières des examens dont il établit les conditions ?

En résulte-t-il que l'État ait le droit de *régir* l'instruction en ce sens qu'il lui soit possible de lui donner une couleur religieuse ou politique ?

On a entendu des esprits libéraux soutenir l'affirmation sur cette seconde question, et sur la première la pratique répond à peu près oui.

Je ne suis pas de cet avis.

C'est, à n'en pas douter, une solution qui permet au parti vainqueur de conserver le pouvoir, le gouvernement, en étouffant la liberté, au moins quant à la direction religieuse et politique.

EXTRAIT

*d'une profession de foi pour les élections
de 1869.*

—

Je n'appartiens à aucun parti ; je suis dévoué à la cause libérale, c'est-à-dire à celle des hommes qui veulent la liberté pour tous et le gouvernement du pays par lui-même.

Je suis de ceux qui pensent qu'il faut combattre le despotisme sous quelque nom et sous quelque forme qu'il se présente, et que le premier devoir de l'homme qui veut être libre est de respecter la liberté des autres.

EXTRAIT

*d'un discours prononcé à la distribution des
prix du lycée de Caen le 3 août 1880.*

Dites-vous bien, Messieurs, que si le succès de
la profession et de la carrière est le but sérieux de
vos efforts, ce ne doit pas être leur seul objet;
que ce qui doit avant tout nous préoccuper tous,
c'est le développement et l'amélioration de nos
facultés, abstraction faite du succès; que la situation dans le monde et dans la société, les avantages de la fortune, les applaudissements même,
ne viennent qu'en seconde ligne; que la véritable
supériorité ne vient que du caractère et que, quand
on a placé son but assez haut, on s'est mis à l'abri
de beaucoup de déceptions, en même temps qu'on
a su conquérir l'indépendance de l'âme, qui est le
premier de tous les biens.

CIRCULAIRE

à l'occasion de l'exécution des décrets
du 29 Mars.

—

Monsieur le Procureur de la République,

Au moment où l'exécution des décrets du
29 mars peut atteindre les congrégations de votre
arrondissement, je crois devoir vous dire comment je comprends, à cet égard, le rôle des magis-
trats du parquet. De ce que la mesure dont s'agit
est un acte politique de haute police administra-
tive, il résulte, à n'en pas douter, que les membres
des parquets ne doivent concourir, ni de leur personne, ni de leur signature, à l'exécution même
Si des délits ou des contraventions sont commis à
cette occasion, vous devez en poursuivre la ré-

pression conformément au droit commun, mais là
doit se borner votre rôle.

Si des déclinatoires ou des conflits se produisent
en suite de poursuites engagées devant les tribu-
naux, vous devez recevoir et transmettre les actes
de procédure; mais, à l'audience, quand il s'agira de
vos conclusions orales, vous conserverez, au point
de vue juridique, l'entière indépendance qui vous
appartient.

Ces explications, que j'ai cru devoir vous donner, me paraissent respecter la liberté de chacun
et ne permettre à aucune susceptibilité légitime de
s'éveiller.

31 décembre 1877.

Il y a certainement une émotion vraie et salutaire dans ce retour périodique et dans cette attention qu'il appelle. On sent qu'on a fait un pas de
plus; que la portion de temps qui est dévolue à
chacun de nous est amoindrie d'un élément im-
portant, que le voyage est avancé.

Est-ce triste? Non. C'est une œuvre qui marche
et qui doit s'achever. Si on avait la conviction
profonde que ceux qui sont unis en cette vie se
retrouveront après elle, cela ne serait pas, en définitive, effrayant. Et pourquoi donc n'en serait-il
pas ainsi; tant que l'âme subsistera, ses facultés
qui constituent son essence, sa substance même,
agiront dans le même sens et de la même façon.
Ceux que nous aimons, nous les aimerons encore.
Puisque tous nous sommes de la même nature,
nous aurons tous le même sort, et alors pourquoi

ne retrouverions-nous pas dans cette vie, dégagée de l'existence matérielle, l'union des âmes et l'affection des nôtres ?

Quel inconnu ! et que d'hypothèses plus ou moins ingénieuses il amène ! au milieu desquelles pourtant il y a une chose certaine à laquelle seule on peut se rattacher : c'est que la conscience n'est calme, tranquille, qu'à la condition d'être satisfaite de nos actions et de nos pensées ; c'est que le bien doit être notre objectif absolu. Le bien qui nous est révélé et clairement connu, abstraction faite de toute religion positive ; le bien dont l'accomplissement à tous égards doit être notre unique préoccupation. Quand on le voit et quand on se consacre exclusivement à sa poursuite, que fait le reste ? Celui qui en est là, ne doit pas redouter l'inconnu.

TABLE

Nancy, imprimerie Berger-Levrault et C⁶

9 782329 490304